PROJET DE RÈGLEMENT DE MANŒUVRES

DE

L'INFANTERIE JAPONAISE

(1re PARTIE)

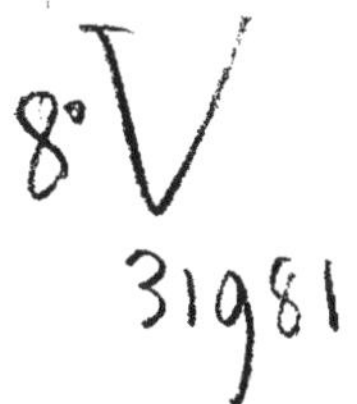

PROJET DE RÈGLEMENT DE MANŒUVRES

DE

L'INFANTERIE JAPONAISE

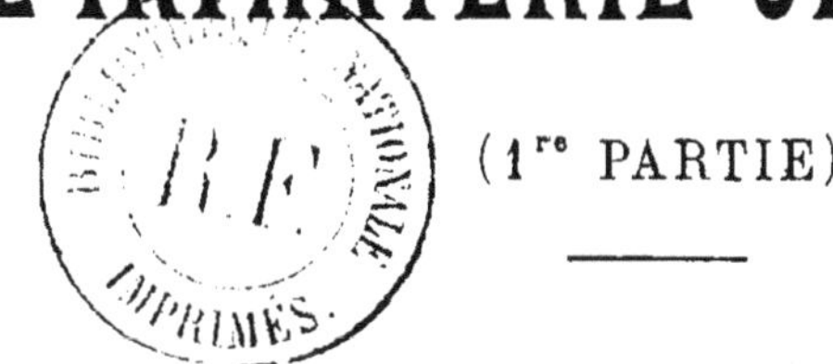

(1re PARTIE)

Traduction du Commandant PAINVIN

de la Section technique de l'Infanterie

(Extrait de la *Revue d'Infanterie*)

PARIS

HENRI CHARLES-LAVAUZELLE

Éditeur militaire

10, Rue Danton, Boulevard Saint-Germain, 118

(MÊME MAISON A LIMOGES)

NOTE DU TRADUCTEUR

Le nouveau Règlement de manœuvres de l'infanterie japonaise (1re partie) a paru, le 23 novembre 1906, sous le titre de *Projet*. Après une mise en essai d'une année, les différents corps de troupe feront connaître leur avis sur ce projet de Règlement.

La 2e partie du Règlement de manœuvres japonais, qui concerne spécialement le combat, est annoncée comme devant paraître prochainement.

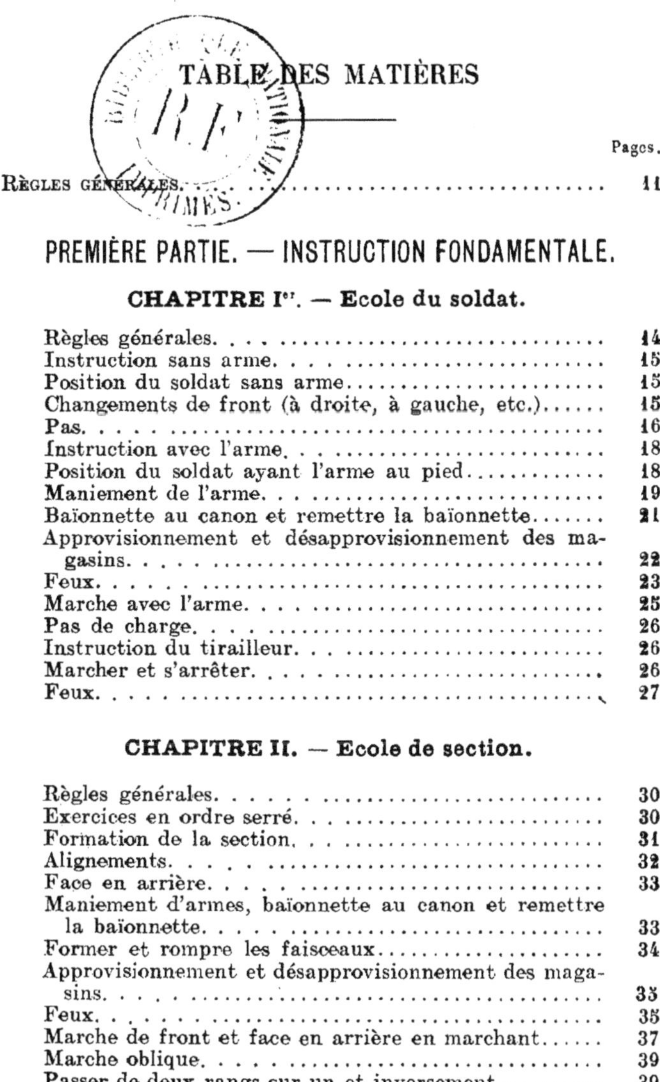

TABLE DES MATIÈRES

PREMIÈRE PARTIE. — INSTRUCTION FONDAMENTALE.

CHAPITRE Ier. — Ecole du soldat.

CHAPITRE II. — Ecole de section.

CHAPITRE III. — Ecole de compagnie.

CHAPITRE IV. — Ecole de bataillon.

CHAPITRE V. — Ecole de régiment.

CHAPITRE VI. — Ecole de brigade.

PROJET DE RÈGLEMENT DE MANŒUVRES

DE

L'INFANTERIE JAPONAISE

RÈGLES GÉNÉRALES

1. — Les exercices ont pour but de préparer les chefs et les hommes à la guerre ; aussi doivent-ils tous être dirigés en vue du combat. Le maintien d'une discipline et d'un ordre rigoureux pendant la bataille est d'une nécessité absolue et primordiale ; en conséquence, dans tous les exercices exécutés, aussi bien sur le champ de manœuvres qu'en terrains variés, on devra chercher à faire comprendre cette nécessité aux troupes.

La simplicité de manœuvre peut assurer le succès au combat ; quelques formations simples et d'une application facile sont donc suffisantes. Toutefois, il est indispensable que ces formations deviennent absolument familières à la troupe et qu'elles soient prises avec la plus grande précision possible.

Les modèles d'emploi de ces formations, dont le nombre est limité pour la raison exposée ci-dessus, sont indiqués par le présent Règlement, qui donne en même temps des principes simples, applicables aussi bien en temps de paix qu'en campagne. Toute autre manière de faire est rigoureusement interdite.

2. — Les commandants de compagnie et les chefs des unités plus élevées sont responsables de l'instruction de leurs troupes ; ils doivent se conformer strictement au

Règlement et en appliquer le véritable esprit. Cependant, toute latitude est laissée à ces officiers quant au choix des méthodes d'instruction. Les officiers supérieurs ont l'obligation de surveiller la façon dont l'instruction est donnée par leurs subordonnés directs et de rectifier en même temps les fautes commises par ces derniers, ainsi que les retards qu'ils pourraient constater dans la marche de ladite instruction.

3. — A l'école de compagnie, tous les exercices spéciaux à l'infanterie doivent être exécutés à fond.

L'école de bataillon constitue une bonne base pour l'école du combat ; toute la tactique de l'infanterie repose sur la coopération au but commun de toutes les compagnies, conformément aux caractéristiques des différentes phases de la lutte.

Dans le régiment, les principes régissent l'instruction et le commandement sont identiques.

A l'école de régiment et à l'école de brigade, toutes les troupes doivent être exercées à agir en liaison, non seulement avec les unités de leur propre corps, mais aussi avec les autres armes dans la mesure du possible.

4. — Des exercices de longue durée et de même nature fatiguent à la fois le corps et l'esprit du soldat.

Les sujets traités dans les théories doivent être variés ; il faut que la durée de ces dernières et la méthode employée pour les faire correspondent au tempérament et au degré d'intelligence des hommes ; sinon ces derniers deviendraient inattentifs et il en résulterait un relâchement dans la discipline.

5. — Comme il est difficile de faire tous les exercices sur le champ de manœuvres, on en exécutera le plus grand nombre possible en terrains variés, de telle sorte que l'instruction des hommes soit absolument complète.

6. — Les exercices exécutés avec des unités portées à l'effectif de guerre sont très avantageux et doivent avoir lieu aussi bien sur le champ de manœuvres qu'en terrains variés, toutes les fois que les circonstances le permettent.

7. — Les commandements à la voix doivent toujours être faits de la même manière et avec la même énergie. Quand un commandement est donné avec vigueur, le soldat manœuvre aussi avec vigueur. Lorsque l'exécution d'un mouvement comporte un comandement d'avertissement et un commandement d'exécution, il faut prononcer le premier distinctement et lentement, et le second énergiquement et vivement, en laissant un intervalle suffisant entre chacun d'eux. Dans le présent Règlement, les commandements d'avertissement sont écrits en italiques pour les distinguer des commandements d'exécution.

Pour mettre une troupe en marche ou pour l'arrêter, les officiers peuvent faire un signal soit avec le sabre, soit avec la main. Dans le premier cas, ils lèvent le sabre (ou la main) et, dans le second cas, ils le lèvent et l'abaissent en même temps.

Les officiers peuvent faire usage du sifflet, soit pour faire cesser le feu, soit pour attirer l'attention des hommes dans le cas où ils auraient des instructions à leur donner. Ce dernier procédé n'est possible que lorsque la troupe ne tire pas.

8. — On doit s'en tenir aux commandements et signaux mentionnés dans le Règlement. On ne donne des ordres circonstanciés que lorsque les commandements réglementaires à la voix ne peuvent pas traduire exactement la pensée du chef.

PREMIÈRE PARTIE

INSTRUCTION FONDAMENTALE

CHAPITRE PREMIER

Ecole du soldat.

RÈGLES GÉNÉRALES

9. — L'instruction individuelle forme la base des exercices des unités. Il faut consacrer une grande attention à cette instruction et exiger qu'elle soit donnée d'une façon très minutieuse et complétée par un entraînement physique, car, si l'instruction individuelle n'est pas parfaite, il est impossible à une troupe de manœuvrer avec précision.

Si un homme de recrue a reçu une instruction individuelle défectueuse, il sera généralement presque impossible de la corriger pendant le reste de son service actif. Il est très difficile de faire disparaître complètement les mauvaises habitudes que l'on a laissé contracter au soldat au début de son instruction. Il est également difficile de suppléer à l'insuffisance de l'instruction individuelle lors des exercices d'ensemble exécutés par la troupe.

Pour qu'un homme de recrue soit bien dressé, il est nécessaire de ne pas pousser son instruction d'une façon trop précipitée et de faire recommencer avec patience les mouvements dont l'exécution laisse à désirer.

INSTRUCTION SANS ARME

Position du soldat sans arme.

10. — Pour faire prendre la position du soldat sans arme, on commande : *Attention !*

Les talons sur la même ligne et réunis ; les pieds tournés en dehors et formant un angle d'environ 60 degrés ; les genoux tendus sans les raidir ; le corps d'aplomb sur les hanches et légèrement penché en avant ; les épaules effacées et également tombantes ; les bras pendant naturellement, la paume de la main touchant la cuisse, les doigts légèrement ployés et joints, le médius sur la couture du pantalon ; la tête haute, dans la position naturelle ; le cou droit, le menton affleurant légèrement ce dernier ; les yeux fixés droit devant soi.

Il est de toute importance de placer les pieds correctement, car tout défaut dans leur position entraîne une déviation de la ligne des épaules.

11. — Pour faire reposer, on commande : — *En place, repos !*

Le soldat se repose sans être tenu de garder la position ni l'immobilité, un pied restant sur place.

A l'exercice, le soldat n'a le droit de remuer que lorsque le commandement de « *en place, repos* » est donné.

Il est interdit de causer, même lorsqu'on est « en place repos ».

Changements de front.

12. — Pour faire exécuter un à-droite (ou à-gauche), ou un demi-à-droite (ou à-gauche), on commande : *A droite* (ou *à gauche*) — *Tournez !* ou *demi à droite* (ou *à gauche*) — *Tournez !*

Elever légèrement la pointe du pied gauche et le pied

droit ; tourner d'un quart ou d'un huitième de cercle à droite (ou à gauche) et rapporter le talon droit à côté du gauche, et sur la même ligne.

13. — Pour faire exécuter le demi-tour à droite sur place, on commande : *Demi-tour. — Tournez !*

Porter le pied droit directement en arrière, sur son propre prolongement, et placer la pointe de ce pied contre le talon gauche. Elever légèrement les pointes des pieds et, les jarrets tendus, faire demi-tour à droite sur les deux talons, puis rapprocher le talon droit contre le gauche.

Pas.

14. — La longueur du pas *accéléré* est de 75 centimètres à compter d'un talon à l'autre, et sa vitesse de 114 pas à la minute.

Pour faire prendre le pas accéléré, on commande : *En avant. — Marche !*

Porter la jambe gauche en avant, le genou légèrement ployé, la pointe du pied un peu tournée en dehors, et le corps plutôt penché en avant ; poser le pied gauche avec fermeté à terre, à 75 centimètres du droit, en redressant la jambe, mais sans frapper intentionnellement le sol ; en même temps, tendre le jarret et porter tout le poids du corps sur le pied qui vient d'être posé à terre. Juste au moment où le pied gauche vient d'être posé à terre, lever le talon droit et porter la jambe droite en avant, comme il a été dit pour la gauche, et poser le pied sur le sol et de la même manière. Continuer de marcher ainsi sans que les pieds se croisent, sans lever les genoux plus haut qu'il n'est nécessaire, sans faire de mouvements d'épaules, la tête restant droite, et les bras oscillant naturellement.

15. — Pour faire arrêter, on commande : *Escouade — Halte !*

Rapporter le pied qui est en arrière à côté de l'autre et s'arrêter.

16. — La longueur du pas *gymnastique* est de 85 centimètres et sa vitesse de 170 pas à la minute.

Pour faire prendre le pas gymnastique, on commande : *Pas gymnastique, — Marche !*

Au commandement d'avertissement, fermer les poings et les élever à hauteur de la ceinture, les coudes en arrière.

Au commandement d'exécution, porter la jambe gauche en avant, le genou fléchi et légèrement levé ; poser le pied avec fermeté à terre, la pointe la première, à 85 centimètres du droit ; porter la jambe droite en avant de la même manière et continuer ainsi, en faisant toujours reposer le poids du corps sur le pied qui a été posé sur le sol avec fermeté, en laissant aux coudes leur mouvement d'oscillation naturelle.

Au commandement de : *Escouade — Halte*, ou de : *Pas accéléré — Marche*, les hommes s'arrêtent ou prennent le pas accéléré et laissent tomber les mains dans le rang.

Le mouvement de demi-tour s'exécute aussi en marchant.

17. — Pour faire marquer le pas, on commande : *Marquez — le pas.*

Marquer la cadence du pas sans avancer, en posant alternativement les pieds avec fermeté sur le sol, les genoux légèrement ployés.

Pour faire reprendre la marche, ou commande : *En avant — Marche !*

18. — Pour faire exécuter un à-droite (ou à-gauche) en marchant, on commande : *A droite* (ou *à gauche*) — *Tournez.*

Placer avec fermeté le pied gauche (ou droit) sur le

sol, faire un demi-à-droite (ou à-gauche) sur la pointe du pied, repartir du pied droit (ou gauche) dans la nouvelle direction, et continuer la marche.

19. — Pour faire marcher obliquement, l'homme étant en marche, on commande : *Demi-à-droite* (ou *à-gauche*) — *Tournez.*

Après avoir posé avec fermeté le pied gauche (ou droit) sur le sol, droit devant soi, faire un demi-à-droite (ou à-gauche) sur la pointe du pied et repartir du pied droit (ou gauche) dans la nouvelle direction.

20. — Pour faire exécuter un demi-tour en marchant, on commande : *Demi-tour — Halte !* ou *Demi-tour — en avant — Marche !*

Poser le pied gauche sur le sol, droit devant soi, faire demi-tour sur la pointe du pied, rapporter le pied droit à côté du gauche, puis s'arrêter ou repartir du pied gauche.

Instruction avec l'arme.

21. — L'instruction avec l'arme ne doit être donnée que lorsque l'homme de recrue sait bien exécuter tous les mouvements sans arme.

Dans les changements de front (à-droite, demi-à-droite, etc.), en marchant, et dans la marche sans avoir l'arme sur l'épaule, soulever légèrement le fusil avec la main droite, qui vient s'appuyer contre la hanche et le reposer, aussitôt le mouvement terminé.

Position du soldat ayant l'arme au pied.

22. — Au commandement de : *Attention*, tenir le fusil entre le pouce et l'index de la main droite, ce dernier légèrement ployé le long du fût, les trois autres doigts réunis ; le bout du canon à une largeur de poing (environ 10 centimètres) de la partie supérieure du bras droit, le

canon en arrière, le talon de la crosse à côté de la pointe du pied droit, l'arme verticale

23. — Pour faire reposer, on commande : *En place, repos !*

Se conformer à ce qui est prescrit au paragraphe 11, et tenir le fusil de manière à ne pas frôler le guidon.

Maniement de l'arme.

24. — On doit exécuter tous les mouvements de maniement d'armes avec précision, ne jamais abandonner le fusil des deux mains à la fois, et veiller à ce que les autres parties du corps conservent la même attitude que dans la position du soldat. Il est interdit de frapper intentionnellement le fusil avec la paume de la main et de poser le talon de la crosse avec force sur le sol.

Chaque mouvement de maniement d'armes est exécuté à la cadence du pas accéléré.

25. — Pour faire mettre l'arme sur l'épaule, en partant de l'arme au pied, on commande : *Sur l'épaule — Arme !*

Premier mouvement : Elever verticalement l'arme avec la main droite à hauteur de l'épaule, le canon tourné à droite ; saisir en même temps le fusil avec la main gauche au-dessous de la hausse, le coude rabattu et touchant légèrement le corps.

Deuxième mouvement : Continuer d'élever un peu l'arme avec la main gauche, le canon en avant ; embrasser la plaque de couche avec la main droite allongée, en maintenant le talon de la crosse entre l'index et le médius.

Troisième mouvement : Placer l'arme avec la main droite sur l'épaule droite, la main gauche sur la culasse mobile, la partie supérieure du bras droit affleurant le corps, le battant de crosse à environ une largeur de poing du corps, le fusil parallèle à la ligne des boutons de la tunique, le levier de manœuvre de la culasse mobile à peu près à hauteur du milieu de l'intervalle séparant les deux premiers boutons.

Quatrième mouvement : Laisser tomber la main gauche dans le rang.

26. — Pour faire reposer l'arme en partant de l'arme sur l'épaule, on commande : *Au pied — Arme !*

Premier mouvement : Descendre l'arme en allongeant le bras droit et la maintenir verticale, le canon à demi tourné à droite, saisir le fusil avec la main gauche au-dessous de la hausse, le coude abattu et affleurant le corps.

Deuxième mouvement : Continuer de descendre l'arme avec la main gauche, tourner le canon à droite et saisir le fusil avec la main droite, à la partie du fût qui se trouve au-dessus de la hausse.

Troisième mouvement : Tourner le canon en arrière, tenir le fusil, le petit doigt placé contre le fût au-dessus de la hausse en l'appuyant à la hanche, et renvoyer la main gauche dans le rang.

Quatrième mouvement : Faire reposer l'arme sur le sol.

27. — Pour faire présenter l'arme en partant de l'arme au pied, on commande : *Présentez — Arme !*

Premier mouvement : Elever l'arme avec la main droite, en la portant en face du milieu du corps, et la tenir verticalement ; en même temps, saisir le fût au-dessus de la hausse avec la main gauche, le pouce allongé le long de la monture, l'avant-bras presque horizontal et affleurant le corps.

Deuxième mouvement : Saisir légèrement l'arme à la poignée avec la main droite.

28. — Pour faire reposer l'arme en partant de : Présentez — arme », on commande : *Au pied — Arme !*

Premier mouvement. — Saisir le fût au-dessus de la hausse avec la main droite, le coude affleurant le corps.

Deuxième mouvement : Descendre l'arme avec la main droite, le petit doigt placé sur le fût, au-dessus de la hausse ; et, en même temps, renvoyer la main gauche dans le rang.

Troisième mouvement : Poser l'arme sur le sol.

Baïonnette au canon et remettre la baïonnette.

29. — On peut mettre la baïonnette au canon et la remettre au fourreau aussi bien de pied ferme qu'en marche. Aussitôt que le soldat a fini de mettre la baïonnette au canon ou de la remettre au fourreau, il replace son arme comme elle était auparavant.

Il suffit que le soldat connaisse la manière de mettre la baïonnette au canon et de la remettre au fourreau.

30. — Pour faire mettre la baïonnette au canon, on commande : *Baïonnette au canon !*

Le soldat ayant l'arme au pied, incliner le fusil à gauche avec la main droite, le canon un peu à droite et vis-à-vis du milieu du corps.; saisir la poignée de la baïonnette avec la main gauche renversée ; tirer la baïonnette et la fixer fermement au canon ; redresser le fusil verticalement et reprendre la position de l'arme au pied.

31. — Pour faire remettre la baïonnette, on commande : *Remettez la baïonnette !*

Le soldat ayant l'arme au pied, incliner le fusil à gauche, comme il a été dit pour mettre la baïonnette au canon ; saisir la poignée de la baïonnette avec la main gauche, le pouce sur le poussoir ; appuyer sur ce poussoir, enlever la baïonnette avec la main gauche et la renverser à droite ; saisir la lame avec la main droite, entre l'index et le médius, les autres doigts maintenant l'arme ; saisir la poignée de la baïonnette avec la main gauche, les ongles en dessus, et remettre la baïonnette au fourreau, les yeux fixés sur l'entrée de ce fourreau. Empoigner le fusil avec la main gauche au-dessous de l'embouchoir et, en même temps, avec la droite, à la partie du fût située au-dessus de la hausse, puis redresser l'arme verticalement avec les deux mains, et reprendre la position de l'arme au pied.

Approvisionnement et désapprovisionnement des magasins.

32. — Pour faire approvisionner ou désapprovisionner les magasins en partant de l'arme au pied, on commande *Approvisionnez les magasins*, ou : *Désapprovisionnez les magasins*.

Faire un demi-à-droite (la tête restant directe) et porter le pied droit à peu près à un demi-pas à droite dans la nouvelle direction, en conservant au corps la position naturelle correspondant à ce mouvement ; en même temps, abattre l'arme en avant en l'élevant avec la main droite et en la saisissant avec la gauche dans le voisinage de son centre de gravité, les doigts dans les évidements longitudinaux du fût ; amener le haut du canon à hauteur de l'œil, la crosse touchant légèrement le corps, le bec de la crosse un peu au-dessous du téton droit.

Pour approvisionner le magasin, saisir le levier de manœuvre de la culasse mobile avec la main droite, les ongles en-dessus, et le ramener complètement en arrière en le levant ; extraire une lame-chargeur de la cartouchière avec la main droite, et la placer dans l'échancrure, les balles en avant ; faire entrer la lame-chargeur dans le magasin en appuyant avec l'extrémité du pouce.

Fermer complètement la culasse mobile en saisissant le levier avec la main droite, les yeux restant fixés droit devant soi, et engager le tenon de sûreté (en le pressant avec la paume de la main droite et en le tournant à droite).

Saisir le fût du fusil avec la main droite au-dessus de la hausse et reprendre la position de l'arme au pied en faisant front.

Pour désapprovisionner le magasin, dégager le tenon de sûreté (en le pressant avec la paume de la main droite et en le tournant à gauche) et glisser la main gauche sous la boîte de culasse ; manœuvrer doucement la culasse mobile en avant et en arrière, extraire les cartouches et les remettre dans la cartouchière. Quand toutes les cartouches sont extraites, fermer la culasse mobile en pressant la plate-forme du magasin avec le médius et l'annulaire de la main gauche, appuyer sur la détente et faire front en remettant l'arme au pied.

Les hommes doivent être exercés fréquemment et à fond à approvisionner et à désapprovisionner le magasin, car il faut qu'ils sachent exécuter ces mouvements correctement et rapidement dans toutes les circonstances.

Feux.

33. — Les hommes doivent être exercés à fond à prendre les positions du tireur, de telle sorte qu'ils puissent exécuter les mouvements avec correction. Le pointage, la pression du doigt sur la détente et le maniement de la hausse sont exécutés comme il est prescrit par le Règlement sur le tir.

34. — Pour faire prendre une position du tireur en

partant de l'arme au pied, on commande : *Position du tireur debout* (ou à *genou*, ou *couché*) — *Apprêtez !*

Pour prendre la position du tireur debout, placer le fusil comme pour l'approvisionnement du magasin, et le saisir à la poignée avec la main droite.

Pour prendre la position du tireur à genou, faire un demi-à-droite et porter en même temps la pointe du pied droit à environ un demi-pas en arrière sur le prolongement du pied gauche. Placer la jambe droite à plat sur le sol, à peu près à angle droit avec la direction du pied gauche, la hanche reposant sur le pied droit, et la jambe gauche restant verticale. Abattre en même temps l'arme en avant avec la main droite et la tenir comme dans la position du tireur debout ; placer l'avant-bras gauche sur le genou gauche, la plaque de couche contre la partie interne de la cuisse droite ; saisir l'arme à la poignée avec la main droite, la partie supérieure du corps restant droite selon la tendance naturelle.

Pour prendre la position du tireur couché, faire un demi-à-droite et porter la crosse à environ un pas en avant du front ; se coucher en posant les deux genoux et la main gauche sur le sol (la partie supérieure du corps faisant un angle d'environ 30 degrés avec la ligne de tir), tenir le fusil comme dans la position du tireur debout, la poignée de l'arme presque en face du menton, et les deux coudes appuyés sur le sol.

Dans toutes les positions du tireur, les hommes conservent la tête directe et maintiennent l'extrémité du canon à hauteur de l'œil ; le tenon de sûreté est dégagé, et l'index de la main droite est allongé à l'intérieur de la sous-garde. Si le magasin n'est pas approvisionné, on le charge immédiatement après avoir pris la position du tireur.

35. — Pour faire cesser le feu, on commande : *Cessez le feu !*

Revenir l'arme au pied, après avoir engagé le tenon de sûreté et abaissé, le cas échéant, la planche mobile de la hausse.

Marche avec l'arme.

36. — Dans la marche avec l'arme, les hommes mettent le fusil sur l'épaule au commandement de « marche » et laissent le bras gauche osciller naturellement en marchant. Au commandement de « halte », ils s'arrêtent et mettent l'arme au pied.

Si l'on doit prendre le pas gymnastique, les hommes mettent l'arme sur l'épaule au commandement d'avertissement « pas gymnastique » et saisissent le fourreau de la baïonnette.

37. — Pour faire prendre la position à genou (ou couchée), on commande : *A genou* (ou *Couchez-vous !*)

Pour prendre la position *à genou*, porter le pied gauche en avant et placer la jambe droite à plat sur le sol ; abattre l'arme comme il est prescrit pour la position du tireur à genou ; puis la placer verticalement en face du genou droit, le canon en arrière, et la saisir avec la main droite à la partie du fût située au-dessus de la hausse, tandis que la main gauche vient se placer sur la cuisse gauche.

Pour prendre la position *couché*, s'arrêter et mettre l'arme au pied ; puis se coucher comme pour prendre la position du tireur couché et placer la partie du fût située au-dessus de la hausse sur l'avant-bras gauche, le levier en-dessus.

Les prescriptions ci-dessus s'appliquent également au cas où l'on est arrêté.

38. — Pour faire relever les hommes ou pour les mettre en marche en partant de la position *à genou* (ou *couché*), on commande : *Debout !* ou : *En avant — Marche !*

Au commandement de : *Debout !* ou de : *En avant !* se relever et prendre la position de l'arme au pied.

Pas de charge.

39. — Pour faire prendre le pas de charge, on commande, après avoir fait mettre la baïonnette au canon : *Préparez-vous à charger. — Chargez !*

L'homme porte son arme en la saisissant de la main droite à la partie du fût située au-dessus de la hausse, de telle sorte que la plaque de couche ne soit qu'à une petite distance du sol et que le bout du canon se trouve à peu près en face de l'épaule droite ; puis il se met en marche au pas accéléré. Il s'arrête au commandement de : *Escouade — Halte*, et met l'arme au pied.

Instruction du tirailleur.

40. — Le but de l'instruction du tirailleur est d'apprendre à fond à l'homme les mouvements à exécuter en ordre dispersé, c'est-à-dire : marcher, s'arrêter et tirer en utilisant le terrain.

41. — On ne commence l'instruction du tirailleur qu'après que les recrues ont été complètement exercées à la marche, au maniement d'armes, à l'approvisionnement du magasin et aux différentes positions du tireur. Au début de cette partie de l'instruction, on fait agir un petit groupe de soldats instruits sur un terrain non accidenté, afin de faire comprendre aux recrues les principes de combat en ordre dispersé.

Marcher et s'arrêter.

42. — Le tirailleur marche librement et porte son fusil d'une manière commode, le tenon de sûreté toujours engagé et le bout du canon en l'air. Dès que le tirailleur

s'arrête. il doit abriter son corps le plus possible, en choisissant une position qui lui permette de faire rendre à son arme le maximum d'efficacité.

43. — Le tirailleur est exercé à franchir ou à escalader les différents obstacles. Il doit aussi marcher en se dissimulant, en se couvrant ; utiliser les abris naturels du sol, changer de position avec agilité, ou, enfin, courber le corps et ramper. Toutefois, il faut faire comprendre aux recrues que l'on a généralement tout avantage à suivre la ligne la plus courte.

Feux.

44. — Dans les feux de tirailleurs, on doit généralement éviter de rechercher à obtenir des résultats par la rapidité du tir ; il faut plutôt habituer les recrues à produire des effets utiles en observant rigoureusement les différentes règles de tir, en visant correctement et en faisant feu avec calme.

45. — Il est nécessaire d'apprendre aux recrues à tirer et à approvisionner le magasin dans les circonstances les plus diverses et dans toutes les positions du tireur.

Le tirailleur peut se coucher ou s'agenouiller et choisir la position de tir qui lui convient, quand il est abrité ou qu'il appuie son arme sur un obstacle naturel ; selon sa constitution physique, selon la configuration du sol et, enfin, selon la nature de l'objectif et la situation du combat.

46. — Les principaux points qui doivent être l'objet d'une pratique constante de la part du tirailleur sont : le moment où l'on doit ouvrir le feu ; la promptitude à trouver l'objectif ; le choix d'une bonne position ; l'utilisation des abris du sol ; la rapidité de chargement du

magasin ; le placement exact de la hausse ; l'habileté de pointage sur un objectif quelconque dans les différentes positions et à des distances diverses ; le minimum de temps pour viser ; la confiance en soi-même ; enfin, la possibilité de viser adroitement sur un but difficile à voir.

47. — L'appui de l'arme sur un obstacle naturel du sol contribue beaucoup à augmenter la justesse du tir.

48 .— Quand le tirailleur appuie son arme sur un obstacle naturel, il peut tirer, en tenant l'extrémité de la crosse avec la main droite, le pouce sur le côté intérieur et les autres doigts sur le côté extérieur, ou bien en appuyant l'arme à l'épaule et en tenant fortement la poignée de la crosse avec la main droite.

49. — Dans la position à genou, le tirailleur peut s'asseoir ou non sur le talon droit ; s'agenouiller sur les deux genoux écartés l'un de l'autre ; porter les deux jambes en avant et s'appuyer sur la hanche droite ; enfin, mettre en joue à bras francs comme dans la position debout, sans appuyer le coude gauche sur le genou.

50. — Pour tirer debout ou à genou, abrité derrière un arbre, le tirailleur, en mettant en joue, doit effacer l'épaule droite le plus possible, appuyer l'avant-bras gauche contre le tronc de l'arbre et faire reposer son arme sur la paume de la main gauche. Toutefois, comme un arbre peut ne protéger que de front, et nullement sur les deux flancs, le tirailleur ne doit prendre la position debout que lorsque la position couché ne lui offre pas un champ de tir convenable.

51. — Pour tirer, abrité derrière un parapet, le tirailleur rapproche le plus possible du talus intérieur le flanc gauche ou la poitrine, en s'appuyant sur le coude gauche

ou sur les deux coudes, selon le cas, et en faisant reposer le fusil sur ledit parapet.

52. — On apprend au tirailleur à se mettre à l'abri du feu de l'ennemi, à se dérober à ses vues, à appuyer son arme sur un objet quelconque, et à charger le magasin, à couvert, en utilisant des murs, des fossés, de légères ondulations du terrain et des haies.

53. — Quand le tirailleur ne dispose pas d'un bon champ de tir, sur un terrain trop bas, par exemple, il doit être assez adroit pour choisir un emplacement plus élevé au moment où il a à tirer.

54. — Pour bien faire ressortir la nécessité de se couvrir, on dispose un certain nombre de tirailleurs sur deux positions se faisant face, de manière à habituer les hommes à apprécier d'un coup d'œil la nature du sol pour en tirer le meilleur parti dans les circonstances les plus diverses.

Tout en cherchant à utiliser les abris du sol, le tirailleur doit se préoccuper avant tout de l'efficacité probable de son tir et ne tenir compte qu'en second lieu du couvert que ces abris peuvent lui assurer.

55. — En principe, le tirailleur doit se coucher dès qu'il s'arrête ; cependant, pendant les exercices du temps de paix, il pourra se faire que, pour des raisons d'ordre sanitaire et autres, on l'empêche de prendre cette position (ainsi que la position à genou). Quand il en sera ainsi, le chef de la troupe expliquera à ses hommes la raison pour laquelle il ne se conforme pas aux prescriptions habituelles.

56. — L'instruction théorique du tir et l'appréciation des distances marchent de pair avec les exercices pratiques précédents.

CHAPITRE II

ÉCOLE DE SECTION

RÈGLES GÉNÉRALES

57. — L'instruction de la section a pour objet de préparer les recrues à manœuvrer avec la compagnie.

58. — Pendant les exercices, le chef de section doit se tenir à l'endroit qu'il juge le plus convenable.

Exercices en ordre serré.

59. — Quand les recrues possèdent une bonne instruction individuelle, on forme avec elles de petites escouades, et l'on fait exécuter la progression du chapitre II en considérant chacune de ces escouades comme faisant partie d'une section sur un ou sur deux rangs, et en remplaçant dans les commandements le mot *escouade* par celui de *section.*

L'ordre et la régularité doivent être exigés dans tous les mouvements de la section, même si cette dernière manœuvre par le second rang ou si les files sont mélangées.

60. — Dans les changements de formation ou de direction de pied ferme, les hommes ne mettent pas l'arme sur l'épaule en se mettant en marche. Si ces mouvements doivent être exécutés au pas gymnastique, le commandement d'avertissement est suivi du commandement : *Pas*

gymnastique ; il en est de même si la section est en marche. Cette règle est également applicable à l'instruction de la compagnie.

Formation de la section.

61. — La section se forme sur deux rangs distants l'un de l'autre de 75 centimètres (comptés du dos ou du havresac de l'homme du premier rang à la poitrine de l'homme du second rang). Dans chaque file, c'est l'homme le plus corpulent qui est placé au premier rang. Les élèves caporaux sont répartis dans la section, généralement par rang de taille. L'intervalle entre chaque homme doit être tel que les soldats puissent manier leur arme et manœuvrer sans être gênés, et sans se toucher les uns les autres. (Pour déterminer cet intervalle, chaque homme, plaçant la main gauche sur la hanche, son coude doit affleurer la partie supérieure du bras droit de son voisin de gauche.)

La section se numérote de la droite à la gauche du premier rang.

La section se divise en plusieurs escouades numérotées de la droite à la gauche, et comptant chacune de quatre à huit files.

Un sous-officier est placé à la droite du premier rang de la section et un autre à la gauche ; ils s'appellent, le premier, sous-officier du flanc droit, et le second, sous-officier du flanc gauche. Tous les autres sous-officiers se tiennent à deux pas en arrière du centre du second rang de leurs escouades respectives et portent le nom de serre-files. Les sous-officiers ci-dessus mentionnés prennent le commandement de leurs escouades quand elles se déploient en tirailleurs ; en cas d'absence, ils sont remplacés par les élèves caporaux.

Alignements.

62. — Quand un alignement est parfait, chaque soldat, prenant la position du soldat, doit, en tournant la tête à droite (ou à gauche) être en mesure de voir l'homme placé immédiatement à sa droite (ou à sa gauche) avec l'œil droit et de porter, avec l'autre, un regard le long de toute la ligne.

En s'alignant, chaque homme doit prendre la position réglementaire sans jeter en avant ou en arrière la tête ou la partie supérieure du corps. Si un homme a les pieds mal placés et, par suite, la ligne de ses épaules en dehors de l'alignement, sa faute ne sera pas limitée à lui seul, mais se répercutera forcément sur ses voisins. On devra obliger cet homme à regarder ses pieds et à rectifier leur position. C'est en procédant ainsi qu'on finira par faire comprendre à chaque soldat les principes de l'alignement et qu'on l'habituera à se rendre compte par lui-même de la correction ou de l'incorrection de sa position.

63. — Pour faire prendre un alignement à la section, on place d'abord les deux sous-officiers des flancs sur la nouvelle ligne, et on commande :

Guides, (tant de) — *pas en avant*. Chaque sous-officier de flanc se porte en avant à la distance indiquée, sans mettre l'arme sur l'épaule ; puis le chef de section rectifie leurs positions. On commande ensuite : *A droite* (ou à *gauche*) — *alignement !* — *fixe*.

Au commandement de *Alignement*, la section se porte en avant sans mettre l'arme sur l'épaule et s'arrête un peu en arrière de la nouvelle ligne en raccourcissant le dernier pas. Puis, tournant la tête à droite (ou à gauche), chaque homme se place tranquillement sur la ligne par petits pas, les jarrets tendus, et repose le fusil sur le sol. Les hommes du second rang et les serre-files couvrent exactement sur ceux du premier rang, prennent la distance et s'alignent à droite (ou à gauche).

Pour former la base sur laquelle on doit s'aligner, le sous-officier du flanc droit (ou gauche) rectifie rapidement l'alignement des deux ou trois hommes les plus rapprochés de lui.

Le sous-officier du flanc gauche (ou droit) rectifie, si c'est nécessaire, la position des deux ou trois hommes les plus rapprochés de lui, de manière à faciliter l'alignement du premier rang.

Au commandement de : *Fixe*, les hommes replacent la tête dans la position directe.

64. — Pour rectifier l'alignement de la section, on commande : *A droite* (ou *à gauche*) — *Alignement* — *Fixe !*

Le sous-officier du flanc droit (ou gauche) rectifie l'alignement sur le sous-officier du flanc gauche (ou droit).

Face en arrière.

65. — Pour mettre la section face en arrière, on commande : *Face en arrière !*

La section fait demi-tour ; la file creuse et les sous-officiers des flancs passent au second rang devenu premier.

66. — La section étant de pied ferme ou en marche, s'il est nécessaire de faire passer les serre-files en arrière, on commande : *Serre-files en arrière !*

Chaque serre-file se porte par la ligne la plus courte en arrière du second rang et se place en face de son emplacement précédent.

Maniement d'armes, baïonnette au canon et remettre la baïonnette.

67. — Les mouvements de maniement d'armes sont exécutés avec uniformité par tous les éléments de la sec-

tion. Les mouvements de *mettre la baïonnette au canon* et de *la remettre au fourreau* sont exécutés par chaque homme aussi rapidement qu'il le peut.

Former et rompre les faisceaux.

68. — Pour faire former les faisceaux, on commande, après avoir fait mettre la baïonnette au canon : *Formez les faisceaux.*

Chaque numéro impair du premier rang saisit son fusil avec la main gauche au-dessous de l'embouchoir, et, tournant le canon en avant, place le talon de la crosse à une distance de trois longueurs de plaque de couche en avant de la pointe de son pied droit, puis incline l'arme à gauche en l'abandonnant de la main droite.

Chaque numéro pair du premier rang saisit son fusil avec la main gauche au-dessous de la grenadière, place le talon de la crosse à une distance de trois longueurs de plaque de couche en avant de la pointe de son pied gauche, puis, abandonnant l'arme de la main droite, il l'incline à droite et la croise avec le quillon de la baïonnette de son voisin de droite.

Chaque numéro impair du second rang saisit son arme avec la main gauche au-dessus de la grenadière, la soulève avec les deux mains, porte le pied droit en avant, croise son fusil avec le quillon de la baïonnette de son chef de file, et pose le talon de la crosse en face du milieu de l'intervalle existant entre lui et son voisin de gauche.

Chaque numéro pair du second rang saisit son arme avec la main gauche au-dessous de la grenadière, incline le canon à droite, porte le pied gauche en avant, appuie son fusil sur le côté gauche du faisceau déjà formé, et le place parallèlement à celui du numéro impair du second rang.

Les faisceaux peuvent être formés, si c'est nécessaire, au moyen des baguettes de fusil, sans mettre la baïonnette au canon.

69. — Pour faire rompre les faisceaux, on commande : *Rompez les faisceaux.*

Chaque numéro pair du second rang porte le pied gauche en avant et reprend son fusil avec la main droite, tandis que les trois autres hommes (le numéro impair du second rang portant le pied droit en avant) saisissent leur fusil avec la main gauche au-dessous de l'embouchoir, et avec la main droite au-dessus de la hausse ; puis soulèvent le faisceau pour le rompre et remettent l'arme au pied.

Approvisionnement et désapprovisionnement des magasins.

70. — Les magasins sont approvisionnés et désapprovisionnés comme il est prescrit au paragraphe 32, sauf que le sous-officier du flanc droit fait un demi-à-droite, et que les hommes du second rang serrent sur le premier rang d'environ un pas, et vers la droite ; ils reprennent leurs anciennes positions aussitôt après que le mouvement est terminé.

L'approvisionnement des magasins doit se faire aussi rapidement que possible, selon le degré d'habileté de chaque soldat. Les sous-officiers n'exécutent ce mouvement que si l'ordre leur en est donné.

Feux.

71. — Il est avantageux que le front de la section soit autant que possible perpendiculaire à la direction du tir.

Dans les feux, on doit indiquer préalablement la direction du tir, l'objectif, la position du tireur et la hausse (si c'est nécessaire, le point à viser).

Si le tir a lieu dans la position debout, les sous-officiers restent l'arme au pied (le sous-officier du flanc droit fait un demi-à-droite) ; s'il a lieu à genou ou couché, ils prennent la même position que les hommes, et tiennent leur fusil comme il est prescrit au paragraphe 37.

Les feux dans la position couchée doivent être exécutés sur un seul rang.

72. — Au commandement d'avertissement de : *Feu debout* (ou *à genou*), les hommes du second rang serrent sur le premier comme pour l'approvisionnement des magasins et, au commandement d'exécution de : *Apprêtez — arme*, la section apprête les armes. Si les serre-files se trouvent en avant du front, ils se portent en arrière comme il est prescrit au paragraphe 66.

73. — Il existe deux sortes de feux : le feu de salve et le feu à volonté. Ce dernier est généralement exécuté à la vitesse ordinaire et quelquefois à la vitesse rapide.

Pour faire exécuter un feu de salve, on commande : *Sur la troupe en ordre serré devant nous.*

Position du tireur debout (ou *à genou*) — *Apprêtez arme !*

A 1.200 *mètres* (1.100 — 1.200 mètres),

Joue,

Feu !

Au commandement de : *Joue*, viser ; au commandement de : *Feu*, faire partir le coup et s'apprêter à tirer de nouveau.

Pour faire continuer le tir, on commande :

Joue — Feu !

Pour faire exécuter un feu à volonté, on commande : *Sur l'artillerie qui se montre sur la droite du bois.*

Position du tireur debout (ou *à genou*).

Apprêtez arme.

A 800 *mètres. — Lentement !* (ou *Rapidement*).

Au commandement de : *Lentement*, le soldat tire en observant les prescriptions du paragraphe 44.

Au commandement de : *Rapidement*, le soldat tire rapidement, mais en visant avec soin et en cherchant à obtenir un effet utile par la rapidité du tir.

74. — Pour faire cesser le feu, on commande : *Cessez le feu !*

Engager le tenon de sûreté, rabattre la planche mobile de la hausse si elle est levée, et mettre l'arme au pied.

75. — Pour faire cesser le feu temporairement, on commande : *Interrompez le feu !*

Chaque soldat replace l'arme et s'apprête à rouvrir le feu.

76. — Quand on fait usage des hausses combinées, les hommes du premier rang prennent habituellement la hausse la plus faible, et ceux du second rang la hausse la plus forte. Cette prescription s'applique au cas où la section est en ordre dispersé.

Marche de front et face en arrière en marchant.

77. — Pendant la marche, le guide est toujours à droite ; quand ce dernier doit être à gauche, on l'indique spécialement.

Le chef de section fait le commandement suivant, habituellement après avoir désigné au sous-officier du flanc droit (ou gauche) un point de direction : *En avant — Marche !* ou : *En avant — Marche guide à gauche !*

La section se met en marche perpendiculairement à la direction à suivre, à l'exemple du guide qui se dirige sur le point qui lui a été désigné sans s'occuper des hommes de la section et en conservant un pas régulier et une cadence correcte.

Chaque soldat doit prêter une attention constante à son voisin de droite (ou de gauche) afin de rester sur l'alignement du guide sans tourner la tête vers ce dernier. Toutefois, en principe, on doit maintenir l'alignement en conservant un pas, une cadence et des intervalles réguliers.

78. — Pendant la marche, on commande : *Guide à gauche !* (ou : *à droite !*) s'il est nécessaire d'avoir le guide à l'autre aile.

79. — Le mouvement de *face en arrière* en marchant s'exécute comme il est prescrit aux paragraphes 20 et 65.

80. — Les principes, auxquels le soldat doit se conformer pendant la marche, sont les suivants :

Conserver toujours la tête directe, de quelque côté que soit le guide ;

Céder à la pression venant du flanc où se trouve le guide et résister à celle qui se produit du côté opposé ;

Reprendre peu à peu sa place si l'on se trouve en avant ou en arrière de l'alignement, ou si l'on a perdu son intervalle ;

Changer le pas quand on l'a perdu (rapporter le pied qui est en arrière à côté de celui qui est en avant et repartir de ce dernier pied. Si l'on est au pas gymnastique, sauter deux fois sur le même pied) et marcher rapidement sur les traces de son voisin du côté du guide.

81. — La marche correcte de la section en ligne forme la base de tous les mouvements d'une troupe en ordre serré.

Marche oblique.

82. — La section marchant de front, on la fait marcher obliquement en commandant : *Demi-à-droite* (ou : *à gauche*) — *Tournez.*

La direction de la marche oblique fait habituellement un angle de 45 degrés avec la ligne de la section de front.

Dans la marche oblique, pour que tous les hommes aient une position correcte, leurs épaules doivent être parallèles les unes aux autres ; l'épaule droite de chaque soldat doit se trouver derrière l'épaule gauche de son voisin de droite quand on marche avec le guide à droite, et inversement si le guide est à gauche.

Chaque homme s'aligne du côté vers lequel on oblique.

83. — Pour faire reprendre la marche de front, on commande : *Front* — *Tournez !*

Chaque soldat reprend la marche de front.

Passer de deux rangs sur un et inversement.

84. — La section étant de pied ferme ou en marche, pour la faire passer de deux rangs sur un, on commande, après avoir indiqué au préalable, la file de base : *Sur un rang* — *formez !*

La file de base ne bouge pas, ou continue à marcher ; toutes les autres files prennent l'intervalle voulu vers la droite ou vers la gauche (si la section est de pied ferme, les files font d'abord à droite ou à gauche sur place. et si elle est en marche, les files prennent leurs intervalles en allongeant le pas et en machant obliquement). Les hommes du second rang se portent à la gauche de leurs chefs de file et s'alignent sur l'homme de base, en continuant de marcher comme lui.

85. — Pour faire passer la section d'un rang sur deux on commande, après avoir désigné au préalable l'homme de base : *Sur deux rangs — Formez !*

La section se reforme sur deux rangs par le procédé inverse de celui employé pour passer sur un rang.

Pas de charge.

86. — Se conformer à ce qui est prescrit au paragraphe 39.

Arrêter la section.

87. — Pour arrêter la section, on commande : *Section — Halte !*

La section s'arrête ; chaque homme s'aligne sur le guide, comme il est prescrit au paragraphe 64, et fait front.

88. — Quand la section doit s'arrêter en faisant face en arrière, on se conforme aux prescriptions des paragraphes 20 et 65, et chaque homme s'aligne sur le guide.

Changement de direction.

89. — Pour faire exécuter un changement de direction, on commande : *A droite !* (ou : *à gauche* !) *formez — Marche.*

La section étant de pied ferme. — Le sous-officier du flanc droit (ou gauche) fait à droite (ou à gauche) tandis que les hommes font demi-à-droite (ou à gauche) et se portent successivement à leurs places, sur le nouveau front, par la ligne la plus courte et s'alignent sur leurs voisins de droite (ou gauche).

La section étant en marche. — Le sous-officier du flanc

droit (ou gauche) fait à droite (ou à gauche) et continue de marcher, tandis que les hommes gagnent leurs places sur le nouveau front comme il a été indiqué ci-dessus et continuent à marcher en s'alignant sur leurs voisins de droite (ou gauche).

Pour faire exécuter un changement de direction sous un angle inférieur à l'angle droit, on indique un nouveau point de direction au sous-officier de flanc placé du côté où doit s'effectuer le changement de direction.

Marche par le flanc.

90. — Quand la section doit marcher par le flanc, on lui fait d'abord exécuter de pied ferme le mouvement de par le flanc, du côté voulu, au commandement : *A droite !* ou : *à gauche !*) — *par le flanc.*

La section fait par le flanc droit (ou gauche) ; les numéros pairs (ou impairs) se portent à la droite (ou gauche) des numéros impairs (ou pairs) pour se former par quatre.

Puis on commande : *En avant — Marche !*

La section se met en marche ; chaque soldat s'aligne toujours à gauche (ou à droite). Le soldat, qui se trouve derrière le guide, marche rigoureusement sur les traces de ce dernier. Les autres soldats marchent les uns derrière les autres, de telle sorte que la tête de l'homme précédant chaque soldat lui cache celles de tous les autres.

Dans la marche par le flanc, si les quatre hommes de tête sont incorrectement alignés, la faute se répercute sur les autres files.

Changement de direction par files de quatre.

91. — La section en colonne par quatre, étant de pied ferme ou en marche, change de direction au commande-

ment de : *Par quatre, à droite* (ou *à gauche*) — *Conversez !*

La file de tête change de direction à droite (ou à gauche), en décrivant un arc de cercle de petit rayon et en s'alignant toujours du côté du pivot (l'homme de l'aile marchante conserve le pas normal, et celui du pivot raccourcit les premiers pas). Les autres files viennent successivement converser au même point et de la même manière.

Pour faire exécuter un changement de direction sous un angle inférieur à l'angle droit on désigne un nouveau point de direction.

Arrêter et remettre de front la section marchant par le flanc.

92. — Pour arrêter la section marchant par le flanc, on commande : *Section — Halte. A gauche* (ou : *A droite*) — *Tournez.*

Au commandement de : *Halte*, la section s'arrête et ne bouge plus, et, au commandement de : *Tournez*, chaque file de quatre fait face à droite (ou à gauche) et se dédouble. Les soldats s'alignent sur le guide.

Si l'on veut que la section fasse front immédiatement après s'être arrêtée, on commande : *A gauche* (ou *à droite*) — *Tournez.*

Faire par le flanc droit (ou gauche) en marchant.

93. — Quand la section doit faire par le flanc droit (ou gauche) en marchant de front ou en colonne par quatre, on commande : *A droite* (ou : *A gauche*) *en avant — Marche !*

Chaque file fait par le flanc droit (ou gauche) et se double ou se dédouble suivant le cas.

Marche au pas gymnastique.

94. — Les marches de front, obliques et par le flanc, et les mouvements de face ou arrière, de même que les à-droite (ou à-gauche) en marchant, se font aussi au pas gymnastique quand les hommes sont bien exercés à ces mouvements. Cette prescription s'applique à la compagnie.

Passer de la section en ligne à la colonne par quatre èt inversement.

95. — Quand la section marchant en ligne doit passer à la colonne par quatre pour continuer à marcher dans la même direction, on commande : *Par quatre, à droite* (ou : *à gauche*) — *à gauche* (ou : *à droite*), *conversez* — *Marche.*

Les mouvements s'exécutent comme il est prescrit aux paragraphes 90 et 91.

96. — Quand une section en colonne par quatre de pied ferme, ou en marche, doit se former en ligne pour continuer à marcher dans la même direction, on commande : *En ligne à gauche* (ou : *à droite*) *Formez* — *Marche !*

Le sous-officier de tête ne bouge pas ou continue à marcher ; les autres hommes dédoublent les files et gagnent successivement leurs places sur le nouveau front par la ligne la plus courte, puis s'alignent sur leurs voisins de droite (ou gauche) et continuent à marcher.

Positions à genou et couché.

97. — La section prend la position à genou (ou couchée), comme il est prescrit au paragraphe 37, sauf que les hommes du premier rang se portent, avant de se coucher, deux pas en avant.

Marche sans cadence.

98. — Pour faire marcher la section sans cadence quand elle est au pas accéléré, on commande : *Marche sans cadence.*

Se conformer aux prescriptions du paragraphe 206 du Règlement sur le service en campagne. (Dans la colonne par quatre, l'intervalle devant exister entre les hommes est celui indiqué au paragraphe 61.)

La marche sans cadence peut quelquefois être prescrite par exemple lorsque l'on traverse un terrain difficile ; en outre, elle est habituellement employée en route.

Pour faire reprendre le pas accéléré, on commande *Pas accéléré.*

Rompre les rangs et rassemblement.

99. — Les faisceaux étant formés, ou les hommes étant en armes, si l'on veut faire rompre les rangs, on commande : *Rompez !*

Quand les hommes ont rompu les rangs après avoir formé les faisceaux, ils n'ont pas le droit de toucher à leurs fusils.

100. — Pour rassembler la section, on commande : *Rassemblement.*

Chaque homme se porte rapidement aux faisceaux et reprend sa place avec calme. Quand les hommes sont porteurs de leurs fusils, ils se rassemblent avec calme devant le chef de section, se forment sur deux rangs dans l'ordre de leurs numéros, et s'alignent à droite.

Instruction en ordre dispersé.

101. — Dans les exercices en ordre dispersé, on ne passe pas directement de l'instruction individuelle à

l'instruction de la section ; il est nécessaire de dresser collectivement un petit nombre de soldats. Dans cette partie de l'instruction il faut que le tirailleur soit exercé comme faisant partie d'une section ; il doit non seulement obéir à son chef, mais aussi s'inquiéter de ses voisins aussi bien pendant les haltes que pendant la marche.

102. — Le chef doit veiller spécialement à ce que chaque tirailleur utilise le terrain. Toutefois, en aucun cas le souci d'abriter un ou deux hommes ne doit porter préjudice à la marche d'ensemble de toute l'unité ; c'est pourquoi, dans l'instruction en ordre dispersé, l'action commune des tirailleurs est d'une importance primordiale.

La difficulté de commander une ligne de tirailleurs et de diriger ses mouvements s'accroît avec sa longueur et sa densité ; aussi cette ligne doit-elle, au début de l'instruction, être étroite et mince.

Déploiement.

103. — Une troupe, quelle que soit sa formation, doit pouvoir se déployer en tirailleurs, dans n'importe quelle direction, avec rapidité, mais en même temps en bon ordre.

L'intervalle réglementaire entre les hommes est d'environ deux pas.

104. — Pour déployer en avant une section de pied ferme ou en marche, on commande, après avoir indiqué la file de base : *Déployez !*

La file de base se met en marche tandis que les autres files obliquent à droite (ou à gauche) en prenant le pas gymnastique. Les hommes du second rang se portent à la gauche de leurs chefs de file et continuent à marcher.

Pour faire un déploiement sur place, on commande après avoir indiqué la file de base : *Sur place, — Déployez !*

La file de base ne bouge pas ou s'arrête, tandis que les autres files font face du côté indiqué, et gagnent leurs intervalles au pas gymnastique. Les hommes du second rang se placent ensuite à la gauche de leurs chefs de file.

105. — Pour déployer en avant une section formée en colonne par quatre, arrêtée ou en marche, on commande : *Vers la gauche* (ou *la droite*) — *Déployez !*

L'homme qui se trouve immédiatement derrière le guide se met en marche ou continue à marcher ; les autres hommes dédoublent, obliquent à gauche (ou à droite) au pas gymnastique et gagnent leurs places sur la nouvelle ligne par le chemin le plus court.

Pour déployer une section sur place (sur le prolongement de la file de tête), on commande : *Sur place, vers la gauche (ou droite) — Déployez !*

106. — Pour déployer une section battant en retraite, on la place d'abord face à l'ennemi, puis l'on fait les commandements nécessaires pour la déployer.

107. — Pour déployer avec des intervalles plus grands que ceux indiqués au paragraphe 103, on fait précéder le commandement : *Déployez* de : *A tant de pas.*

Pour déployer la section obliquement, on indique d'abord la direction.

Mouvement d'une ligne de tirailleurs.

108. — Une ligne de tirailleurs marche habituellement à la vitesse du pas accéléré.

Quand une ligne de tirailleurs doit se porter en avant ou se replier, on commande : *En avant!* (ou : *En retraite*).

Pour faire obliquer la ligne de tirailleurs, on commande : *A droite* (ou : *A gauche*) — *Obliquez !*

Pendant la marche, il n'est pas nécessaire de conserver rigoureusement l'alignement et les intervalles. Si le tir est ouvert, chaque tirailleur engage le tenon de sûreté et rabat, le cas échéant, la planche mobile de la hausse, avant de se mettre en marche. Le chef de section et les chefs d'escouade marchent en avant du centre de leurs unités respectives.

Si l'on veut faire marcher rapidement la ligne de tirailleurs, on commande : *Pas gymnastique* (ou : *Pas de course*) — *Marche* (ou : *A droite* — *Obliquez !*) (ou : *A gauche* — *Obliquez !*).

Au commandement de : *Pas gymnastique* ou de : *Pas de course*, les tirailleurs se préparent à s'avancer ; ils engagent le tenon de sûreté et rabattent, le cas échéant, la planche mobile de la hausse.

Au commandement de : *Marche* (ou : *A droite obliquez*, ou : *A gauche obliquez*), les tirailleurs prennent le pas gymnastique ou le pas de course.

Quand une ligne de tirailleurs en marche doit accélérer l'allure, on commande seulement : *Pas gymnastique* ou : *Pas de course*.

Pour arrêter une ligne de tirailleurs en marche, on commande : *Halte !*

Chaque tirailleur s'arrête et prend une position du tireur, en faisant toujours face à l'ennemi, comme il est prescrit au paragraphe 42. Le chef de section et les chefs d'escouade se placent habituellement aux endroits les plus favorables, en arrière de leurs unités respectives.

Si l'on veut porter la ligne de tirailleurs en un seul

bond sur une position, on indique cette dernière auparavant.

La distance à franchir en un seul bond ne dépasse pas habituellement 100 mètres.

A l'instruction, si l'on ne juge pas nécessaire de faire coucher les tirailleurs, on indique au préalable les positions du tireur que ces derniers devront prendre pendant les haltes.

109. — Pour faire changer de direction à une ligne de tirailleurs arrêtée ou en marche, on commande, après avoir indiqué le nouvel objectif (ou la nouvelle direction) : *Changement de direction à droite !* (ou : *à gauche*).

Le chef de l'escouade qui se trouve du côté vers lequel doit s'effectuer le changement de direction, établit quelques-uns de ses hommes sur la nouvelle ligne, tandis que les autres tirailleurs gagnent leurs nouvelles places au pas gymnastique et s'arrêtent.

Feux d'une ligne de tirailleurs.

110. — La ligne de tirailleurs doit s'arrêter avant d'ouvrir le feu.

111. — Indépendamment de l'emploi correct du fusil, l'efficacité du feu dépend de la distance, des dimensions et de la densité de l'objectif, de la nature du terrain sur lequel se trouve ce dernier, et des circonstances atmosphériques.

Cette efficacité ne peut être obtenue que par une bonne direction et par une discipline rigoureuse du feu ; une vitesse de tir excessive entraîne plutôt un gaspillage des forces combatives.

112. — Les chefs doivent avoir leurs hommes bien en main, afin de conserver le plus longtemps possible la

direction du feu et de développer ainsi la valeur véritable des armes à feu.

Quand on désigne les objectifs, il est bon de faire en sorte que tous les intervalles existant entre eux et ceux des objectifs assignés aux unités voisines, soient battus, car il est d'une importance primordiale que tous les secteurs de la position ennemie, sans exception, soient en butte à notre feu.

Des changements d'objectifs trop fréquents amènent de la confusion dans le tir ; il faut donc les éviter.

Si l'on n'a ni le temps ni la possibilité d'apprécier exactement une distance, on la demande à l'artillerie ou à toute troupe d'infanterie tirant à proximité ; ou, enfin, on apprécie cette distance au moyen d'une carte, ou à la vue.

113. — Sur la ligne de tirailleurs, on n'emploie généralement le tir individuel ; ce genre de tir est, en effet, le plus efficace, et permet à chaque tirailleur de viser avec soin et d'attendre le moment favorable pour tirer.

Bien que la vitesse du tir *ordinaire* dépende naturellement de la nature de l'objectif, du nombre de cartouches dont on dispose, des circonstances atmosphériques et de l'état moral et physique des tireurs, le chef de section devra faire varier cette vitesse, s'il le juge nécessaire, ou bien donner les indications « doucement » ou « rapidement » pour diminuer ou augmenter l'intensité du feu, selon que les circonstances l'exigeront.

En tout cas, le *feu rapide* ne doit être employé qu'aux très petites distances permettant d'obtenir une bonne efficacité ; les hommes se servent alors des hausses fixes. Les cas favorables à l'emploi de ce feu sont mentionnés ci-dessous (on l'emploie également, aux distances moyennes, contre des objectifs particulièrement avantageux et pendant un court laps de temps, mais à la condition que l'on ait en perspective des résultats très sérieux) :

Lors de l'exécution du dernier feu qui précède l'assaut ; pour repousser un assaut ; dans le cas d'une rencontre inopinée avec l'ennemi dans des ouvrages de campagne, des villages, des bois, etc. ; enfin, pour poursuivre de ses feux un adversaire qui vient d'être repoussé.

Le *feu de salve* permet à un chef de tenir sa troupe en main ; il facilite, en outre, l'observation des points de chute et, par suite, le choix de la hausse à prendre.

Toutefois, au milieu du vacarme et de l'excitation de la bataille, il est difficile à un chef de se faire entendre de ses troupes, même si elles sont en ordre serré, et *a fortiori* quand elles sont déployées en tirailleurs. C'est pourquoi le feu de salve n'est possible que lorsque la troupe n'est pas exposée à un tir efficace de la part de l'ennemi.

114. — Il est de la plus grande importance de surveiller les effets du feu, car l'observation constante des points de chute et de l'état de l'ennemi permet de choisir les hausses les plus avantageuses et les points sur lesquels il faut viser.

Si l'observation directe est impossible, de la ligne de feu il y a avantage à poster des observateurs spéciaux en des endroits judicieusement choisis.

115. — Par l'expression *discipline du feu*, on entend l'exécution rigoureuse de tous les mouvements des tirailleurs et de tous les commandements concernant le feu, la stricte observation de toutes les règles se rapportant à l'emploi du fusil pendant un tir d'infanterie et ayant pour but d'assurer la direction complète du feu.

De son côté, le soldat doit : avoir confiance en lui-même, rester impassible sous le feu de l'ennemi, chercher à utiliser le terrain le mieux possible, profiter des moments les plus favorables pour faire usage de son arme, prendre la meilleure position pour tirer ; observer constamment son chef et l'ennemi afin de pouvoir cesser immédiatement le feu quand l'objectif disparaît ou lorsque son chef lui donne l'ordre, soit par un coup de sifflet, soit par tout autre moyen, de suspendre le tir ; enfin, fournir des feux nourris, de sa propre initiative, même si son chef se trouve dans l'impossibilité de diriger et de surveiller le feu.

C'est pourquoi il est de toute nécessité que le soldat soit instruit de manière à pouvoir agir convenablement au combat quand les circonstances empêchent les chefs de diriger le feu.

116. — Le soldat doit, sur la ligne des tirailleurs, pouvoir choisir judicieusement et rapidement la position la plus avantageuse pour tirer sans gêner ses voisins. Dans toutes les circonstances, le tirailleur a l'obligation de prendre avec le plus grand soin la hausse prescrite.

Dans le tir individuel, si un objectif est assez large, le tirailleur doit généralement diriger ses coups sur la partie de cet objectif qui lui fait directement face, ou sur la partie la plus visible, dans les limites prescrites. Le point à viser est habituellement le pied de l'objectif.

117. — Les commandements relatifs à l'exécution des feux sont faits comme il est prescrit au paragraphe 73, sauf que la position du tireur n'est pas indiquée. Les chefs d'escouade peuvent, si c'est nécessaire, répéter les commandements faits par le chef de section.

En ce qui concerne la désignation des objectifs, il faut veiller à prévenir tout malentendu de la part des soldats, et se servir d'expressions claires et concises.

118. — Pour faire cesser le feu, on ne peut employer le sifflet que si l'on n'a pas à ce moment d'autres moyens.

Rassemblement et ralliement.

119. — Pour rassembler (ou rallier) les hommes déployés en tirailleurs, on lève le sabre (dans le cas du ralliement on indique, au préalable, la formation à prendre) et l'on commande : *Rassemblement !* (ou : *Ralliement !*).

Les hommes vont se rassembler au pas gymnastique devant le chef de section, se forment en ligne dans l'ordre de leurs numéros (ou prennent la formation indiquée sans tenir compte de leurs numéros) ; ils s'arrêtent si le chef de section est arrêté, ou continuent à marcher si ce dernier est en marche.

CHAPITRE III

ÉCOLE DE COMPAGNIE

RÈGLES GÉNÉRALES

120. — Le but de l'école de compagnie est de permettre à la compagnie d'exécuter avec correction et précision les mouvements prescrits par le Règlement, en obéissant aux commandements et aux ordres donnés par son chef. La compagnie, si elle est bien instruite, doit pouvoir agir conformément à la volonté de son chef dans toutes les circonstances, et répondre rapidement à ses ordres en appliquant convenablement les règles prescrites.

121. — Pendant les exercices, le commandant de compagnie se tient là où il juge sa présence utile.

Les chefs de section peuvent, chaque fois que c'est nécessaire, indiquer au préalable, à voix basse, les mouvements qu'ont à exécuter les unités respectives.

Les clairons marchent avec la 3e section et conservent toujours la distance fixée, sauf en ordre dispersé où ils sont généralement répartis entre les sections.

Exercices en ordre serré. — Formation de la compagnie.

122. — Les hommes sont formés sur deux rangs. La compagnie est divisée en trois sections. Si le nombre des files n'est pas divisible par trois, on enlève une file, d'abord à la 3e section et ensuite à la seconde. Toutefois, les élèves caporaux sont répartis à peu près en nombre égal entre les sections.

C'est le commandant de compagnie qui doit affecter les officiers et les sous-officiers à toutes les sections. Tout officier absent est remplacé par un des sous-officiers les plus anciens.

Compagnie en ligne déployée.

123. — Les sections, dans la compagnie, sont numérotées de la droite à la gauche. La formation en ligne déployée est prise pour les parades et pour les évolutions.

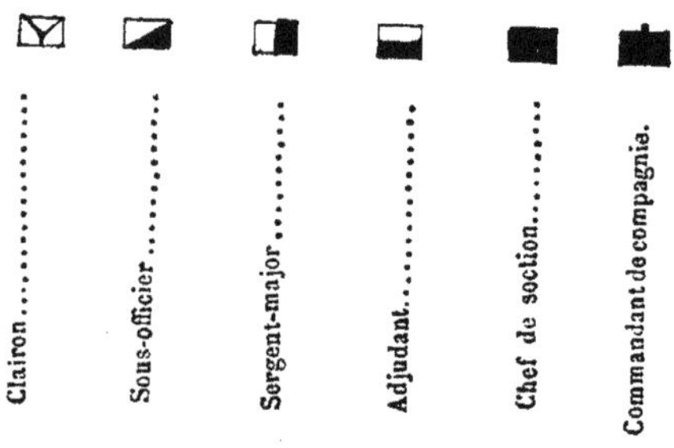

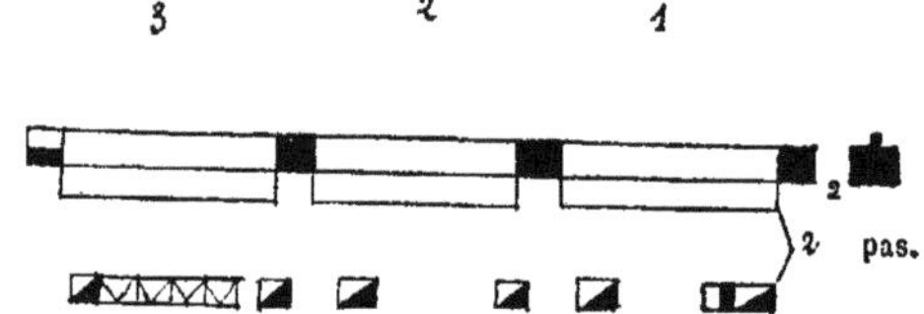

PLANCHE I. — Compagnie en ligne déployée.

Mouvements en ligne déployée.

124. — La compagnie marche de front, fait face en arrière en marchant, et marche obliquement comme il est

prescrit aux paragraphes 77 à 83 ; elle s'arrête comme il a été dit aux paragraphes 87 et 88. Les serre-files se portent en arrière, comme il est prescrit au paragraphe 66 ; mais le chef de la section du centre se porte deux pas en avant pour les laisser passer ; tous les serre-files et les clairons passent par les ailes les plus proches de leurs sections respectives.

125. — Le changement de direction s'exécute d'après les principes prescrits au paragraphe 89. Si la compagnie est en marche, l'officier (ou l'adjudant) qui se trouve au pivot marque le pas ; les hommes se portent au pas gymnastique à leurs places sur le nouveau front et marquent le pas. Le commandant de compagnie commande : *En avant — Marche !* quand le changement de direction est sur le point d'être terminé.

126. — Toute section qui rencontre un obstacle le franchit au commandement de son chef, et reprend ensuite sa place primitive.

Colonne par quatre.

127. — La marche et les différents mouvements de la compagnie en colonne par quatre s'exécutent d'après les principes prescrits aux paragraphes 90 à 93 et 95 et 96. Toutefois, quand la compagnie doit passer de la colonne par quatre à la ligne déployée, pour continuer à marcher dans la même direction, on se conforme aux prescriptions du paragraphe 125.

Dans la colonne par quatre, le sous-officier de flanc marchant en tête d'un section sert de guide ; il se place en avant du premier rang, ayant à sa gauche (ou droite) le chef de section. L'adjudant de flanc se tient en arrière de sa section quand on marche par le flanc droit, ou sur l'alignement de la file de tête quand on marche par le flanc gauche. Le commandant de compagnie se tient à deux pas en dehors du chef de la section de tête.

128. — La colonne par quatre doit être employée pour la marche et pour les évolutions. Quand une troupe marche à la cadence accélérée, en route, on peut, pour diminuer la fatigue produite par le poids du fusil, faire porter l'arme sur l'épaule gauche, en commandant : *Changez les armes !*

Quand la compagnie est en colonne par quatre, on peut, si l'état de la route l'exige, la faire marcher en colonne par trois, par deux et même par un.

Colonne de compagnie.

129. — En colonne de compagnie, les trois sections sont placées les unes derrière les autres sur des fronts paral-

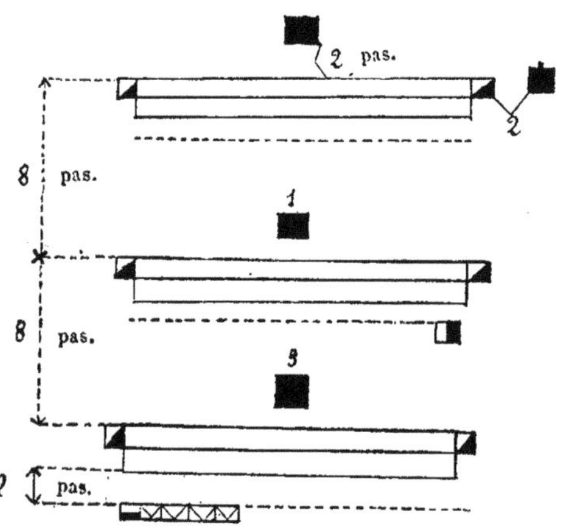

PLANCHE II. — Colonne de compagnie.

lèles, à huit pas de distance. Si les circonstances l'exigent, cette distance peut être modifiée. Dans la formation normale de la colonne de compagnie, les sections sont placées les unes derrière les autres dans l'ordre suivant : seconde section, première et troisième.

La compagnie peut aussi se ployer en colonne sur l'une ou l'autre des sections d'aile. Si le ploiement a lieu sur la section de droite, l'ordre des sections placées les unes derrière les autres est le suivant : 1re, 2e et 3e. Si, au contraire, le ploiement se fait sur la section de gauche, l'ordre des sections est le suivant : 3e, 2e et 1re.

La colonne de compagnie est employée pour les évolutions et pour le rassemblement.

La colonne de compagnie peut marcher par le flanc si la nature du terrain et les circonstances l'exigent.

Passer de la ligne déployée à la colonne de compagnie.

130. — On commande : *Colonne de compagnie* — *Formez.*

La compagnie étant de pied ferme. — La section du centre ne bouge pas ; son chef et les sous-officiers des flancs prennent les places qui leur sont assignées. Les sections des ailes font respectivement à-droite et à-gauche, et gagnent leurs emplacements (de manière à se trouver à une distance de huit ou de seize pas de la section du centre, selon le cas) par les lignes les plus courtes sans se former par quatre, puis elles s'arrêtent et s'alignent à droite. Les sous-officiers des flancs se placent respectivement à la distance réglementaire de la section qui se trouve devant eux ; les sous-officiers du flanc droit couvrent sur le sous-officier de la section de tête, et sont responsables de l'alignement de leurs sections respectives. Les chefs de section prennent rapidement les places qui leur sont assignées.

La compagnie étant en marche. — La section du centre

continue à marcher ; chaque section d'aile marque le pas et reprend la marche en temps opportun, en obliquant à droite ou à gauche selon le pas, puis se place en arrière de la section du centre et continue à marcher en s'alignant à droite.

131. — Pour former la colonne de compagnie sur une section d'aile, on commande : *Colonne de compagnie, à droite* (ou : *à gauche*) — *Formez !*

Passer de la colonne de compagnie à la ligne déployée.

132. — On commande : *Ligne déployée — Formez !*

La section de tête ne bouge pas, ou continue à marcher. Tous les officiers se portent aux places qui leur sont assignées. La section du milieu et celle de la queue obliquent respectivement vers la droite et vers la gauche ; chaque soldat, en arrivant sur la ligne, s'aligne sur la section qui était en tête de la colonne.

133. — Pour déployer la colonne de compagnie vers la droite ou vers la gauche, on commande : *Ligne déployée, à droite* (ou : *à gauche*) — *Formez !*

134. — Pour déployer la colonne de compagnie dans une nouvelle direction, on lui fait d'abord exécuter un changement de direction, ou bien l'on désigne un nouveau point de direction avant de faire le commandement d'avertissement.

Dans le second cas, la section de tête se dirige dans la nouvelle direction ; elle est suivie par les autres sections qui se portent dans cette nouvelle direction en même temps qu'elles se déploient.

Passer de la colonne par quatre à la colonne de compagnie et inversement.

135. — Pour passer de la colonne par quatre à la colonne de compagnie, dans la même direction, on com-

mande : *Colonne de compagnie à droite* (ou : *à gauche*) — *Formez !*

Le guide de la section de tête ne bouge pas, ou continue à marcher. Toutes les sections se déploient comme au paragraphe 96, les deux dernières sections serrent à une distance de huit pas.

136. — On peut passer de la colonne par quatre à la colonne de compagnie dans une direction donnée en déployant successivement les sections. Dans ce but, on indique l'endroit où devra s'arrêter la section de tête, puis on commande : *Rassemblement en colonne de compagnie.*

Chaque section fait, au commandement de son chef, les mouvements nécessaires.

137. — La colonne de compagnie se forme en colonne par quatre d'après les principes prescrits aux paragraphes 90, 91 et 95. Les deux dernières sections font en sorte de marcher sur les traces de la section qui les précède.

La compagnie étant en colonne de compagnie, le capitaine peut prescrire à tous les chefs de section de former successivement leurs unités respectives en colonne par quatre dans une direction donnée.

Mouvements de la colonne de compagnie.

138. — La colonne de compagnie exécute la marche de front et oblique, et le mouvement de face en arrière en marchant comme il est prescrit aux paragraphes 77 à 83, et elle s'arrête conformément aux prescriptions des paragraphes 87 et 88. Les guides des deux dernières sections marchent sur les traces du guide de la section précédente et sont responsables du maintien de la distance de huit pas.

S'il est nécessaire de faire passer les serre-files en arrière, le mouvement s'exécute comme au paragraphe 66; chaque chef de section se porte en avant du centre de sa section en passant par son aile droite.

139. — Pour faire exécuter un changement de direction, on commande : *Changement de direction, à droite* (ou : *à gauche*) — *Formez.*

La compagnie étant de pied ferme. — La section de tête change de direction d'après les principes prescrits au paragraphe 89. Chaque homme des autres sections se porte à la place qu'il doit occuper et s'aligne à droite (ou à gauche).

La compagnie étant en marche. — La section de tête change de direction d'après les principes prescrits au paragraphe 89. Les deux dernières sections changent de direction sans recevoir d'ordres à la même place que la section de tête.

Si le changement de direction doit être fait sous un angle inférieur à l'angle droit, on indique un nouveau point de direction.

140. — La colonne de compagnie marche par le flanc, comme il est prescrit au paragraphe 90. La section qui était en tête devient section de direction; son guide se dirige sur le nouveau point de direction. Les autres guides s'alignent sur ce guide et sont responsables du maintien de la distance. Si c'est nécessaire, la section de direction peut être changée. Tous les autres mouvements s'exécutent comme au paragraphe 127.

141. — Si la colonne de compagnie marchant par le flanc doit changer de direction, on commande : *Changement de direction à droite* (ou : *à gauche*) — *Formez !*

La compagnie étant en marche. — La section qui est

au pivot change de direction à gauche (ou à droite) par files de quatre et marche dans la nouvelle direction ; les autres sections se portent successivement au pas gymnastique sur la même ligne que la section du pivot, s'alignent sur elle et continuent à marcher.

La compagnie étant de pied ferme. — La section du pivot se porte dans la nouvelle direction, gagne une distance égale à sa propre profondeur, et s'arrête. Les autres sections se portent successivement sur la même ligne que la section du pivot et s'alignent à gauche (ou à droite).

Si le changement de direction doit être exécuté sous un angle inférieur à l'angle droit, on indique un nouveau point de direction.

142. — La colonne de compagnie exécute les à-droite et les à-gauche en marchant de front ou par le flanc, comme il est prescrit au paragraphe 93.

Alignements.

143. — La compagnie s'aligne d'après les principes prescrits au paragraphe 64 ; toutefois, dans la ligne déployée, tous les chefs de section et les sous-officiers des flancs se portent en avant, et, dans la colonne de compagnie, les sous-officiers des flancs de la section de tête agissent de même.

L'alignement de la compagnie est rectifié comme il est prescrit au paragraphe 64.

Si la compagnie est en ligne déployée, chaque chef de section aligne d'abord son unité et rectifie ensuite l'alignement de la file de la section voisine de la sienne. Si la compagnie est en colonne de compagnie, les sous-officiers se trouvant du côté où l'on s'aligne couvrent les uns sur les autres, et les deux dernières sections s'alignent en prenant respectivement leurs distances sur la section qui les précède.

Maniement d'armes.

144. — Le maniement d'armes s'exécute comme il est prescrit au paragraphe 67.

Feux.

145. — Les feux sont habituellement exécutés par section, sauf en ligne, où le commandant de compagnie peut commander à la voix, conformément aux prescriptions des paragraphes 71 à 76.

Charger à la baïonnette.

146. — Quand la compagnie en ordre serré doit charger à la baïonnette, elle prend le pas de charge comme il est prescrit au paragraphe 86 et les clairons sonnent la charge. Dès que la compagnie se trouve à une distance suffisamment proche de l'ennemi, on commande : *Assaut !*

Tous les hommes poussent le cri de guerre et se précipitent sur l'ennemi, tandis que les clairons sonnent sans interruption. A l'instruction, les hommes continuent à crier et à bondir jusqu'au commandement de *halte*.

Une fois l'ennemi chassé, toutes les sections de la ligne la plus avancée s'apprêtent à tirer et ouvrent, quand l'ordre en est donné, un feu aussi rapide que possible sur l'adversaire en retraite. Si l'assaut a été donné en colonne, les sections qui se trouvent derrière la section de tête se déploient autant que la nature du terrain le permet, et ouvrent également le feu. L'assaut donné par une ligne de tirailleurs est exécuté d'après les mêmes principes.

Instruction en ordre dispersé.

147. — *Déploiements et mouvements de la ligne de tirailleurs.* — Les déploiements et les mouvements de la compagnie en ordre dispersé sont exécutés conformément aux principes énoncés aux paragraphes 103-109.

Les déploiements doivent se faire en partant des différentes formations.

La compagnie étant en colonne de compagnie ou en colonne par quatre, au commandement de *déployez*, la section de tête — si l'on ne donne pas d'ordres spéciaux — se déploie. Si la compagnie se trouve dans toute autre formation, la section qui doit se déployer est désignée au préalable. Les autres sections constituent les soutiens qui restent sur place jusqu'à ce que la ligne de tirailleurs ait gagné la distance nécessaire. Le sergent-major, un sous-officier et un clairon accompagnent le commandant de compagnie.

Feux.

148. — Le feu de la compagnie est surveillé par son commandant qui donne des ordres à ses chefs de section en ce qui concerne les objectifs, l'ouverture du feu, et, au besoin, les hausses. Chaque tirailleur tire toujours sur l'ordre de son chef de section.

Renforcement de la ligne de tirailleurs.

149. — La ligne de tirailleurs peut être renforcée par prolongement ou par doublement, sur l'ordre du commandant de compagnie.

La section désignée pour renforcer la chaîne se déploie immédiatement sur l'ordre de son chef et gagne sa place sur la ligne de feu, en laissant — si le renforcement doit se faire par prolongement — un intervalle d'environ huit pas entre son aile intérieure et l'extrémité de la section déjà déployée, ou en remplissant les vides existant sur la chaîne, si le renforcement doit avoir lieu par doublement. Dans ce dernier cas, il est impossible d'éviter le mélange des sections ; c'est pourquoi la compagnie doit être exercée fréquemment au renforcement par doublement, de telle sorte que les chefs de section et les chefs d'escouade sachent désigner rapidement les tirailleurs qui passent momentanément sous leurs ordres respectifs.

Sous le feu de l'ennemi, les renforts se portent sur la chaîne au pas gymnastique.

Soutiens.

150. — Les soutiens sont destinés soit à prolonger la ligne de tirailleurs, soit à la renforcer, soit à protéger celui de ses flancs qui est menacé par l'ennemi.

La place d'un soutien doit donc dépendre du rôle qui lui est assigné.

151. — La distance à laisser entre les tirailleurs et leurs soutiens est dictée par les circonstances. Il est absolument impossible de fixer une règle à cet égard. L'essentiel est de pouvoir renforcer la chaîne au moment opportun.

152. — Les renforts sont formés, soit en ligne déployée, soit en colonne, ou par échelons, selon les mouvements de la ligne de tirailleurs. Pour réduire la vulnérabilité des renforts à son minimum, ces derniers s'agenouillent ou se couchent quand ils sont arrêtés et prennent, si c'est nécessaire, le pas gymnastique pour se porter en avant. Les renforts peuvent également se déployer temporairement en ordre dispersé pendant la marche ; ils doivent

éviter le plus longtemps possible de changer de formation dès qu'ils se trouvent à portée efficace du feu ennemi.

Quand deux sections agissent ensemble, elles sont commandées par le chef de section le plus ancien.

Rassemblement et ralliement.

153. — Au commandement de : *Rassemblement*, qui doit être fait par le commandant de compagnie, toutes les sections se forment en colonne de compagnie. Le commandant de compagnie désigne rapidement la section de base derrière laquelle se rassemblent successivement les autres sections dans leur ordre d'arrivée.

CHAPITRE IV

ÉCOLE DE BATAILLON

RÈGLES GÉNÉRALES

154. — Le but de l'école de bataillon est de permettre au bataillon de prendre avec correction et précision, au commandement ou d'après les ordres de son chef, les différentes formations simples répondant aux exigences du combat.

155. — Le chef de bataillon dirige ses troupes au moyen de commandements ou d'ordres transmis, et les commandants de compagnie se servent également de commandements ou d'ordres transmis pour assurer l'exécution des mouvements prescrits par le chef de bataillon. Toutefois, quand toutes les compagnies doivent exécuter simultanément les mêmes mouvements en ordre serré, le bataillon manœuvre au commandement direct de son chef.

Formations du bataillon en ordre serré.

156. — Les formations du bataillon en ordre serré sont : la colonne de bataillon (planche III), et la ligne de colonnes de compagnie (planche IV).

Les planches III et IV donnent les formations normales, mais les compagnies peuvent ne pas être rangées selon l'ordre de leurs numéros respectifs.

La colonne de bataillon est la formation employée pour le rassemblement et pour les évolutions.

La ligne de colonnes de compagnie n'est employée pour

le rassemblement et pour les évolutions que lorsque la nature du terrain ou les circonstances obligent à avoir un front plus large et une profondeur moindre.

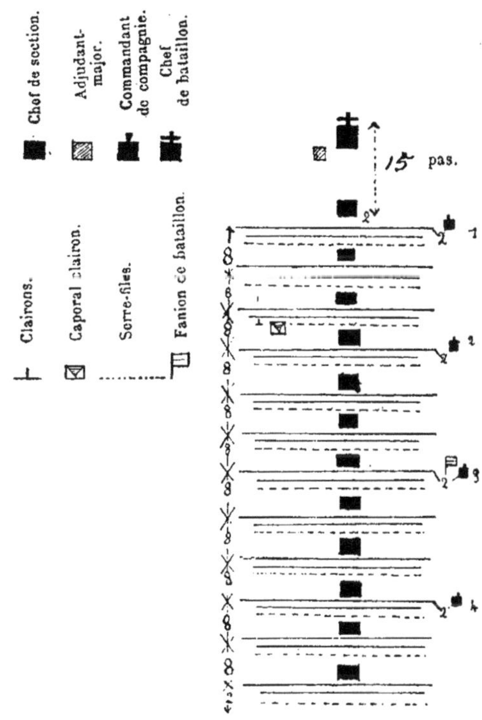

PLANCHE III. — Colonne de bataillon.

La ligne de colonnes de compagnie est la formation habituelle de rassemblement après le combat, si des ordres contraires ne sont pas donnés.

157. — Le chef de bataillon et son adjudant-major occupent les places indiquées par les planches III et IV ; toutefois, le chef de bataillon peut se tenir à l'endroit dicté

par les circonstances, mais il est toujours accompagné par son adjudant-major.

Le caporal clairon marche avec la compagnie de tête quand le bataillon est en ordre serré, mais il accompagne le chef de bataillon pendant l'action.

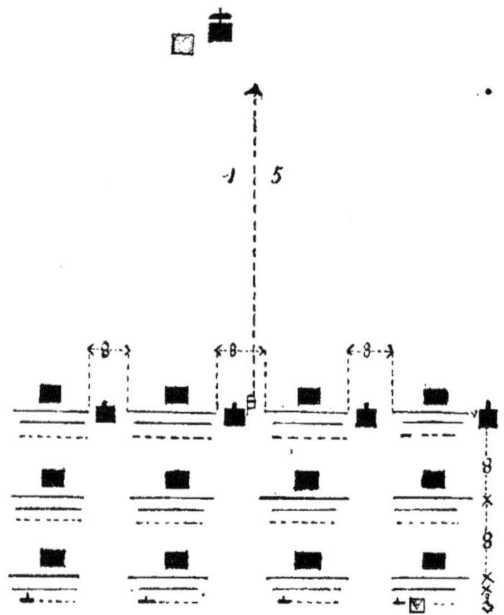

Planche IV. — Ligne de colonnes de compagnie.

158. — Le fanion du bataillon est porté par un sous-officier choisi par le chef de bataillon.

Quand le bataillon se déploie, le fanion rejoint la compagnie désignée par le chef de bataillon, mais il reste auprès de ce dernier pendant le combat.

Alignement.

159. — Le bataillon est aligné d'après les principes prescrits au paragraphe 143.

Les sous-officiers qui se trouvent sur le flanc de direction couvrent correctement les uns sur les autres. Les setions qui sont en arrière s'alignent par section en prenant leurs distances ; toutefois, quand le bataillon est en ligne de colonnes de compagnie, toutes les sections de tête s'alignent correctement les unes sur les autres. Le commandement de *alignement sur le centre* est donné pour que chaque compagnie ait son flanc de direction du côté du drapeau.

Pour aligner le bataillon, on commande *Guides*, (tant de...) *pas en avant ;* si le bataillon est en colonne de bataillon, les sous-officiers des flancs de la section de tête se portent en avant, et, si le bataillon est en ligne de colonnes de compagnie, le drapeau et les sous-officiers des flancs de toutes les sections de tête agissent de même.

Passer d'une formation à une autre.

160. — Quand on passe d'une formation à une autre, chaque compagnie marche en bon ordre et suit la ligne la plus courte.

161. — Si l'on part de la colonne de bataillon à la ligne de colonnes de compagnie, la compagnie de tête ne bouge pas ou s'arrête ; toutes les autres compagnies vont se porter sur l'alignement de cette compagnie, à sa droite ou à sa gauche, selon le cas. Le chef de bataillon commande : *Ligne de colonnes de compagnie, à gauche (droite) formez ;* ou : *Ligne de colonnes de compagnie, à gauche (droite) formez ; compagnie de droite (ou gauche).*

162. — Si l'on passe de la ligne de colonne de compagnie à la colonne de bataillon, la compagnie désignée ne bouge pas ou continue à marcher ; les autres compagnies vont se placer successivement sur des alignements parallèles, comme il est prescrit au paragraphe 130. La compagnie de l'aile gauche devient deuxième compagnie si

c'est la troisième compagnie qui est en tête. Le chef de bataillon commande : *Colonne de bataillon, à droite* (ou : *à gauche*) (ou : *sur... telle compagnie*), *formez !*

Mouvements en ordre serré.

163. — Le bataillon marche de front et obliquement, fait face en arrière en marchant, et s'arrête d'après les principes prescrits au paragraphe 138 ; il s'aligne du côté où se trouve le drapeau, dans la ligne de colonnes de compagnie, et habituellement à droite, dans la colonne de bataillon.

La marche d'une troupe en colonne par quatre s'exécute comme il est prescrit au paragraphe 140.

164. — Si le bataillon doit changer de direction (après s'être mis en marche, s'il était arrêté en colonne de bataillon), on commande : *A droite* (ou : *à gauche*), *formez !*

Si le bataillon est en colonne de bataillon, les compagnies changent successivement de direction en marchant.

Si le bataillon est en ligne de colonnes de compagnie, la compagnie du pivot change de direction de pied ferme ou en marche. Dans le cas où le bataillon est en marche, cette compagnie s'arrête après avoir parcouru une distance à peu près égale à sa propre profondeur, et les autres compagnies changent successivement de direction, gagnent leurs places et s'alignent sur le flanc de direction.

Pour faire exécuter un changement de direction sous un angle inférieur à l'angle droit, on indique au préalable un nouveau point de direction.

La colonne de bataillon et la ligne de colonnes de compagnie, marchant par le flanc, changent de direction d'après les principes prescrits pour le changement de direction du bataillon formé en ligne de colonnes de compagnie ou en colonne de bataillon.

Déploiements.

165. — Dans le déploiement du bataillon, une compagnie occupe le front de combat, et les autres compagnies sont lancées successivement sur la ligne de feu selon les exigences du moment. Les compagnies qui restent à la disposition du chef de bataillon occupent les positions les plus avantageuses et prennent les formations les plus opportunes.

S'il y a lieu de jeter plus d'une compagnie sur la ligne de feu, le chef de bataillon désigne la compagnie de direction, les mouvements à effectuer par cette dernière, les positions qui doivent être occupées par l'autre ou par les autres compagnies et les intervalles à ménager entre elles. Chaque compagnie se dirige sur sa position par la ligne la plus courte. Il y a tout avantage à se déployer dans la direction de la marche. Le déploiement ne se fait sur place que dans le cas où le bataillon est arrêté.

La compagnie déployée sur la ligne de feu exécute ses mouvements en vue du but commun à atteindre, ou les règle sur ceux de la compagnie de direction. Les mouvements que doivent faire les unités marchant derrière le front de combat sont indiqués par le chef de bataillon.

Si la direction de marche doit être modifiée, on désigne un nouvel objectif. Pour faire exécuter un changement de front, on indique le nouveau front, et les compagnies exécutent, chacune pour son compte, le changement de direction nécessaire ; le chef de bataillon rectifie, en cas de besoin, les positions relatives des compagnies.

Le bataillon se rassemble habituellement dans la direction de la marche, s'il est en mouvement, et sur place, s'il est arrêté. Le chef de bataillon désigne la compagnie de direction et indique la formation à prendre par les compagnies. Chacune de ces dernières gagne le lieu de rassemblement par la ligne la plus courte.

On se conforme aux principes énoncés ci-dessus lors d'un déploiement, ou lors d'un rassemblement quand le bataillon a été obligé, à cause de la nature du terrain ou pour d'autres motifs, de renoncer momentanément à une formation en ordre serré.

Il n'est permis, en aucun cas, de prescrire un mode spécial de déploiement.

CHAPITRE V

ÉCOLE DE RÉGIMENT

RÈGLES GÉNÉRALES

166. — L'école de régiment comporte l'exécution d'évolutions simples en formation de rassemblement, et du déploiement en partant de la formation de rassemblement ou de la colonne de route, ou enfin des mouvements nécessaires pour se rassembler.

Formation de rassemblement du régiment.

167. — Dans la formation de rassemblement, tous les bataillons, en colonne de bataillon, sont placés sur le même alignement, habituellement selon l'ordre de leurs numéros.

Si c'est nécessaire, les bataillons peuvent être placés en ordre serré sur deux ou sur trois lignes ; dans le premier cas, un bataillon est établi en avant ou en arrière du milieu de l'intervalle existant entre les deux autres bataillons.

Les têtes des bataillons placés sur la même ligne doivent être alignées.

L'intervalle et la distance entre les bataillons sont d'environ vingt pas.

Le commandant du régiment se tient à vingt pas en avant de l'élément de tête du régiment ; son adjudant-major se place en arrière et à sa gauche.

Le drapeau du régiment occupe la place du fanion du

2e bataillon (ce bataillon ne se sert pas dans ce cas de son fanion), quand le régiment est en formation de rassemblement. Mais, une fois le régiment déployé, le drapeau se porte à la place indiquée par le colonel.

168. — La garde du drapeau comprend cinq soldats de 1re classe désignés par le commandant du régiment.

Mouvements du régiment en formation de rassemblement.

169. — Ces mouvements sont limités aux suivants : *marcher*, *arrêter* et *changer de direction* de pied ferme. Ils sont exécutés de la même manière qu'à l'école de bataillon. Pour les marches, on désigne le bataillon de direction.

Dans les changements de direction, quand les bataillons sont placés sur deux ou sur trois lignes, la première ligne change de direction et se porte en avant jusqu'à ce qu'elle ait gagné une distance correspondant à la profondeur de deux ou de trois lignes ; le bataillon, ou chacun des bataillons de deuxième ou de troisième ligne, se porte à sa nouvelle place par la ligne la plus courte.

A l'école de régiment, la régularité des mouvements n'est exigée que par bataillon.

Déploiements.

170. — Quand le régiment prend sa formation de combat, le bataillon désigné (ou les bataillons) se déploie, tandis que les autres bataillons restent à la disposition du colonel. Ces derniers sont généralement établis en arrière de l'aile extérieure, de manière à pouvoir, par la suite, renforcer la ligne de feu par prolongement.

Les déploiements du régiment se font d'après les principes prescrits à l'école de bataillon.

Afin de pouvoir diriger les mouvements de chaque bataillon déployé sur le front de combat, on indique un objectif particulier à chacun d'eux ou un objectif commun à tous ; ou, enfin, on donne la mission à un bataillon de direction d'établir la liaison.

Le régiment se rassemble d'après les mêmes principes que le bataillon.

CHAPITRE VI

ÉCOLE DE BRIGADE

RÈGLES GÉNÉRALES

171. — L'école de brigade a pour objet d'exercer les troupes à prendre les différentes formations de combat répondant aux exigences du moment, en partant de la formation de rassemblement ou de la colonne de route.

Le général de brigade exerce son commandement en faisant transmettre ses ordres aux différentes unités.

Formation de rassemblement de la brigade.

172. — Dans la formation de rassemblement de la brigade, les régiments sont habituellement placés sur la même ligne ou l'un derrière l'autre. L'intervalle et la distance entre les régiments sont d'environ trente pas.

Le commandant de la brigade, ayant à sa droite et à sa gauche et un peu en arrière ses officiers d'ordonnance, se tient à trente pas en avant de l'élément de tête.

Déploiements.

173. — Le principe servant de base au déploiement de la brigade consiste à donner à chaque régiment déployé une mission bien déterminée lui permettant de combattre à côté d'un autre régiment, sur le front de combat de la brigade. Le commandant de la brigade conserve des réserves sous la main, selon les exigences de la situation.

FIN DE LA PREMIÈRE PARTIE

Paris et Limoges. — Imprimerie militaire Henri CHARLES-LAVAUZELLE.

www.ingramcontent.com/pod-product-compliance
Ingram Content Group UK Ltd.
Pitfield, Milton Keynes, MK11 3LW, UK
UKHW021820190726
13853UKWH00003B/1078

9 782329 5829